Inhalt

Senior Loans oder High Yield Bonds? - Investitionsstrategien in Zeiten niedriger Zinsen

Kernthesen

Beitrag

Fallbeispiele

Weiterführende Literatur

Impressum

Senior Loans oder High Yield Bonds? - Investitionsstrategien in Zeiten niedriger Zinsen

Gerhard Dengl

Kernthesen

- Wer derzeit sein Kapital anlegen will, hat es nicht leicht. Die von der EZB verordneten Niedrigzinsen machen es schwer, über herkömmliche Anlageinstrumente eine auskömmliche Rendite zu erwirtschaften. Da richtet sich der Blick naturgemäß auf riskantere Investments.
- Sowohl über Senior Loans wie auch über High Yield Bonds kann man in bonitätsschwache Unternehmen investieren. Die Instrumente gibt es schon

länger, aber erst in der aktuellen Situation zeigen sie ihren besonderen Charme.
- Aufgrund der etwas stärkeren Absicherung bei Senior Loans scheinen diese bei Anlegern, die nach wie vor risikoavers investieren müssen, die Nase vorn zu haben.

Beitrag

Bedarf an riskanten Finanzvehikeln

Auch in der zweiten Jahreshälfte 2011 sorgte die Schulden-, Finanz- und Eurokrise an den Finanzmärkten für große Verunsicherung. Die von der EZB gesetzten Leitzinsen sind nun schon so lange wie nie zuvor so niedrig wie nie. Diese künstliche Verbilligung des Geldes macht Sparen im Prinzip für jeden Anleger unrentabel. Das fängt beim kleinen Sparer an, der für seine Einlagen derzeit noch nicht einmal einen Inflationsausgleich erhält und endet bei den großen Kapitalsammelstellen wie Banken und Versicherungen. Für deren Geschäftsmodell ist es jedoch essenziell, über die Kapitalanlage eine überdurchschnittliche Rendite für ihre Kunden zu erwirtschaften. Mit klassischen Instrumenten ist das aber zurzeit so gut wie unmöglich. Es bedarf neuer Strategien, um bei diesem niedrigen Zinsniveau die versprochene Rendite aus der Kapitalanlage zu erwirtschaften. Im Prinzip kommen dafür nur Investments in Frage, die überdurchschnittlich risikoreich sind. Auf den Kreditmärkten sind es gegenwärtig vor allem zwei Instrumente, die diesen Anforderungen genügen: Senior Loans und Hochzinsanleihen ("High Yield Bonds"). (3), (8)

Die Unterschiede liegen im Detail

Sowohl bei Senior Loans als auch bei High Yield Bonds handelt es sich im Wesentlichen um Kredite an bonitätsschwache Unternehmen. Doch es gibt Unterschiede:

- Senior Loans sind durch Vermögensgegenstände des Unternehmens besichert, Hochzinsanleihen nicht.
- Senior Loans sind vorrangig, High Yield Bonds nachrangig.
- Senior Loans haben in der Regel eine kürzere Laufzeit, etwa fünf bis sieben Jahre, dafür aber ein höheres Volumen, etwa bis zehn Milliarden US-Dollar.

Zusammenfassend lässt sich sagen, dass beide

Anlageformen zwar riskant sind, aufgrund ihrer verschiedenen Profile aber unterschiedliche Investorengruppen ansprechen. Während institutionelle Investoren und Hedge Fonds sicherlich in beide Instrumente investieren werden, werden sich Banken wahrscheinlich eher auf Senior Loans konzentrieren, da sie mit dieser Anlageform ihre Vorteile besser ausspielen können. (7), (10)

Fonds auf Senior Loans und High Yield Bonds

Da das direkte Investment in Senior Loans und High Yield Bonds vielen Investoren zu aufwändig ist, hat es sich mittlerweile durchgesetzt, Fonds aufzulegen, die ein derartiges Investment bequemer machen. Ein Beispiel ist der von Pimco und Source aufgelegte Pimco Short-Term High Yield Corporate Bond Index Source ETF. (5), (9)

Branchenkenner warnen jedoch davor, dass die Renditen dieser Fonds wahrscheinlich erheblich niedriger ausfallen, als eigentlich anzunehmen wäre. Besonders börsengehandelte Indexfonds (Exchange Traded Funds, ETFs), die die Entwicklung bei Hochzinsanleihen nachbilden, stehen in der Kritik. Zu hoch sind die Kosten, um die entsprechenden Indizes nachzubilden und zu hoch deshalb auch die

Gebühren, die für diese Fonds verlangt werden. Von der eigentlich lukrativen Anlage bleibt zum Schluss nichts mehr übrig. (4), (6)

Trends

Versicherer steigen ins Kreditgeschäft ein

Versicherer zählen zu den größten institutionellen Kapitalanlegern. Sie unterliegen einerseits strengen Anlagevorschriften und dürfen daher nur in geringem Umfang in riskante Papiere investieren. Andererseits erwarten ihre Kunden aber neben der Sicherheit der Anlage auch überdurchschnittliche Renditen. Diese sollen nun vor allem über Senior Loans realisiert werden, die direkt - also nicht über Fonds - gehalten werden. Grundlage eines Senior Loan Investments sind vorrangig besicherte Bankdarlehen an große Unternehmen, die zumeist über ein ausgereiftes Geschäftsmodell und klare Strategien verfügen. Die Kredite dienen nicht der Finanzierung des laufenden Betriebs, sondern sind stark zweckgebunden - klassischerweise werden Akquisitionen oder größere Projektvorhaben finanziert. (7)

Senior Loans könnten High Yield Bonds den Rang ablaufen

Sowohl Senior Loans als auch High Yield Bonds stellen letztlich Kredite an Unternehmen dar, die unterhalb des Investment Grade rangieren. Die feinen Unterschiede lassen jedoch Senior Loans aus Anlegersicht attraktiver erscheinen. Erstens: Bei Senior Loans handelt es sich immer um vorrangige Darlehen, die im Konkursfall zuerst bedient werden. Zudem sind sie in der Regel über die Vermögenswerte des Unternehmens besichert. Zweitens: Senior Loans sind an besondere Transparenzrechte geknüpft, die den Gläubigern eine Einsicht in die tatsächliche Finanzlage des Unternehmens gewähren - in bestimmtem Umfang sogar Eingriffsmöglichkeiten. Drittens: Die Statistik spricht für Senior Loans. Nach den von Moody's und Credit Suisse veröffentlichten Marktstatistiken lag die durchschnittliche Ausfallrate bei Hochzinsanleihen Ende 2011 bei 1,8 Prozent, die von Senior Loans hingegen nur bei 0,32 Prozent. (7)

Fallbeispiele

Projektentwickler als dankbare Abnehmer von Senior-Loan-Finanzierungen

Projektentwickler haben es schwer. An dem Mix an Finanzierungen, den sie zusammenstellen müssen, bevor es mit dem eigentlichen Projekt losgehen kann, beißen sich viele die Zähne aus. Mit den verschiedensten Investoren sind Eigen-, Mezzanine- und Fremdkapitalteile abzustimmen. Eine Vielzahl alternativer Finanzierungsinstrumente - zum Beispiel Joint-Venture-Finanzierungen, Real Estate, Private Equity, stille Beteiligungen, Leasing, Factoring oder Fondslösungen - sind zu prüfen. Clevere Banken erkennen dieses Problem, das über die Vergabe von Senior Loans elegant gelöst werden kann. (1)

Praktiker wartet auf die Auszahlung des Super Senior Loans

In dem langen Ringen um die drohende Insolvenz ist der Finanzinvestor Anchorage Capital Europe bei Praktiker nun einen Schritt weitergekommen. Dank zäher Verhandlungen ist es ihm gelungen, über verschiedene Finanzkonstruktionen wie zum Beispiel

Optionsanleihen und die Verpfändung anderer Unternehmensteile sich dergestalt abzusichern, dass die Auszahlung des dringend benötigten Super Senior Loans in Höhe von 85 Millionen Euro freigegeben werden kann. (2)

Weiterführende Literatur

(1) Eine Tankstelle für Finanzierungen
aus Frankfurter Allgemeine Zeitung, 13.04.2012, Nr. 87, S. 35

(2) Déjà-vu bei Praktiker
aus FINANCE - Der Markt für Unternehmen und Finanzen Heft Ausgabe Juni/Juli vom 08.06.2012, Seite 16

(3) Gutes Jahr für Hochzinsanleihen
aus Frankfurter Allgemeine Zeitung, 16.03.2012, Nr. 65, S. 22

(4) Viel Zins, viel Ärger Der Handel mit Hochzinsanleihen ist für Investoren teuer. Besonders bei Indexfonds drücken die hohen Transaktionskosten auf die Rendite
aus Financial Times Deutschland vom 14.03.2012, Seite 21

(5) Erster physischer ETF auf Hochzinsanleihen Pimco und Source legen gemeinsames Produkt auf

aus Börsen-Zeitung, 24.03.2012, Nummer 60, Seite 2

(6) Die alten Favoriten sind die neuen
aus Frankfurter Allgemeine Zeitung, 12.04.2012, Nr. 86, S. 18

(7) Senior Loans als Alternative im Niedrigzinsumfeld
aus Zeitschrift für das gesamte Kreditwesen 16 vom 15.08.2012 Seite 829

(8) Wo Zinsen locken Fondskompass In Zeiten negativer Realrenditen suchen Anleger das Quäntchen Mehr - und werden bei Hochzinsanleihen von Unternehmen fündig
aus Capital vom 19.07.2012, Seite 126-127

(9) Geldpolitik für die Armen, wie gehabt Das Kapital
aus Financial Times Deutschland vom 14.08.2012, Seite 15

(10) Empfänger unbekannt Fonds, die Hochzinsanleihen mit kurzer Restlaufzeit kaufen, haben ein interessantes Rendite-Risiko-Profil. Fragt sich nur, für wen?
aus Financial Times Deutschland vom 11.06.2012, Seite 22

Impressum

Senior Loans oder High Yield Bonds? - Investitionsstrategien in Zeiten niedriger Zinsen

Bibliografische Information der deutschen Nationalbibliothek

Die Deutsche Nationalbibliothek verzeichnet diese Publikation in der deutschen Nationalbibliografie; detaillierte bibliografische Daten sind im Internet über http://dnb.d-nb.de abrufbar.

ISBN: 978-3-7379-0523-7

© 2015 GBI-Genios Deutsche Wirtschaftsdatenbank GmbH, Freischützstraße 96, 81927 München, www.genios.de

Alle Rechte vorbehalten. Dieses Werk ist einschließlich aller seiner Teile – z.B. Texte, Tabellen und Grafiken - urheberrechtlich geschützt. Jede Verwertung außerhalb der Grenzen des Urheberrechtsgesetzes bedarf der vorherigen Zustimmung des Verlags. Dies gilt insbesondere auch für auszugsweise Nachdrucke, fotomechanische

Vervielfältigungen (Fotokopie/Mikroskopie), Übersetzungen, Auswertungen durch Datenbanken oder ähnliche Einrichtungen und die Einspeicherung und Verarbeitung in elektronischen Systemen.